한 잔의 커피

유정욱 제3시집

다니엘

| 서평 |

감사의 향을 머금은 커피 한 잔

호창수
서울대학교 국어국문학과 강사

시인이 건넨 커피 한 잔에는 무엇이 담겼는가? 시인은 한 편의 詩를 통하여 "한 남자의 삶의 넋두리"를 성찰한다. 특히, 인생이라는 컵에 담긴 커피 향을 되새기며 삶의 의미를 나름의 철학으로 빚어내고자 시도하였다. 그 속에서 발견되는 이번 시집의 핵심은 "감사"에 있다. 감사를 뜻하는 'Thank'의 어원은 라틴어 'Pancian'에서 비롯하였다고 한다. 이때 접두사 'panc'가 '생각한다(think)'의 뜻을 지녔다는 것을 염두에 둔다면, 깊은 사색과 나를 향한 생각 속에서 비로소 얻게 되는 결실이 '감사'라는 말로 관통하는 것은 일면 타당해 보인다. 이렇듯 시인이 건넨 한 잔의 커피 속에는 그가 생각하는 '시란 무엇인가'에 관한 정의, 더 나아가 '인생이란 무엇인가', 그 안에서 '어떠한 감사함을 발견할 수 있을 것인가'라는 시인의 깊은 내면 풍경의 향이 그윽하다.

이번 시집은 56편의 시가 네 가지 주제로 서로 얽혀 있으며, "누군가 지나간 길에 멈춰서 그 아닌 나를 보는"(<흔적>) 작업이자, "부끄러운 그 날, 먼 훗날이 아닌 지금 이날"을 바라보는 행

위로 이루어진다. 특히, 시인이 제시하는 네 가지 주제는 <삶의 근원은>에서 응축하여 드러난다. <삶의 근원은>에서 표현된 '삶의 원환(圓環)' 속에서 시인의 철학이 설명된다.

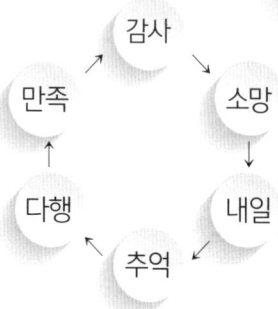

먼저, 시인은 삶의 원동력이자 결과로써 감사의 순환에서 인간 본연에 대한 원초적 성찰을 시도한다. <후회>에서 시인은 인간은 내일을 위해 살기보다는 어제에 머무름을 지적하며, 오늘과 지금에서 족함을 아는 순간 만족과 감사의 토대가 마련됨을 역설한다. 하지만, 인간이란 늘 과거에 머무르는 존재이기에 현재에 감사하지 못하며, 그 괴리 속에서 마음의 빈한함에 골머리를 앓는다. 때로는 "소유에 대한 욕망, 자아도취, 명예심, 인색함과 질투심, 불명예의 길..."(<리더의 길>)에 표류하여 삶이 빚어낸 수많은 고뇌로 인해 "신열로 불덩이"(<부조리> 中)가 되기도 하며, 어제를 먹고 사는 존재에 불과하게 된다.

하지만, <착각>에서 보이듯 인간이란 존재는 내일을 향한 희망 속에서 발버둥 치는 존재이기도 하다. 인간은 "그들의 함성을 먹고 자라"기를 바라는 나를 발견할 때, 당신이라는 거울 속(<당신은 나의 거울(1)>)에 마주한 참된 내가 현현(顯現)함을 자각할 때, 그 "행복한 미소가 내일 나의 미소"(<당신은 나의 거울(2)>)로 나타나기를 바라는 존재로 전환된다. 그럼에도 삶이라는 원환(圓環)은 소망의 내일만으로는 나타날 수 없다. 삶은 언제나 당신이라는 거울 속에서 "우울한 눈빛"이 나를 바라볼 때 "소망 향한 잡새의 가무 행렬"(<겨울 숲(3)>)은 때로는 "나의 잿빛 겨울"(<당신은 나의 거울(3)>)이 될지 모른다.

따라서 시인의 책무, 더 나아가 삶을 성찰하기 위한 인간의 책무는 "생명의 날개"로 펼쳐져야 비로소 소망이 만들어지는 법이다. 여기서 독자가 기억해야 할 것은 "때가 악하니라 그러므로 어리석은 자가 되지 말고 오직 주의 뜻이 무엇인가 이해"(엡 5:16-17)하기 위해 스스로 고뇌하기를 "멈추고, 파우스트의 본질로 돌아가야"(<마지막 고언>) 한다는 것을 자각해야 함에 놓인다.

좀 더 나아가 시인은 독자로 하여금 인간 본질로의 회귀를 경험할 수 있도록 여러 질문을 제기한다. 이는 2부('난제')에서 구체화된다. 가령, 시 <갈무리>를 통해 반추할 수 있는 "평범한 이치에 무너진 허무"와 "잠깐의 인연에 피어난 자욱한 안개"

가 삶의 원환이 제기하는 근원적 질문이다. 우리 "아담의 후예들"(<옛사람>)인 인간의 본연적 "탐심(貪心)"은 "모든 악독과 모든 기만과 외식과 시기와 비방하는 말"과도 같기에, "갓난아기들같이 순전하고 신령한 젖을 사모"(벧전 2:1-2)함으로써 극복해야 한다. 따라서 삶이란 허무와 안개의 "악취"(<압각수의 생>)이자, 온갖 죄악과 번민의 추악함으로 전락할 수 있다. 그렇지만 역설적이게도 이 악취가 넘쳐흘러 외부로 쏟아져 나올 때, "새 생명"을 위한 "정결함"이 탄생하게 된다. 이러한 오묘한 역설이 삶의 이치이자, 하나님이 빚어낸 기가 막힌 세계의 체계라는 것을 자각해야 한다.

이어서 시인은 3부('삶이란')를 통하여 비로소 '감사'를 향한 '다행'과 '만족'의 실마리를 제공한다. 내가 바라보는 거울 속의 모습이 비록 힘들고 고통스러운 시각일지라도, 나 스스로 맞이할 수만 있다면 그 순간의 삶은 "희망의 불씨"(<삶이란(1)>)가 된다. 이러한 표현에서 시인이 생각하는 감사하는 삶의 찰나가 유추된다. 나의 삶을 비춰주는 거울 속 당신과의 커피 한 잔, "나와 그대의 生을 공유"(<한 잔의 커피>)하는 과정에서 삶의 원환 고리가 완성된다. 시큼하고, 쌉쌀하고, 텁텁하지만 달콤하기도 한 커피 한 잔이 가져다준 감사 속에서 세상 속에 부유(浮游)하는 '나'라고 하는 존재의 의미가 마련된다. 감사에 대한 성찰이 바로 삶의 근원이 되며, 이 감사가 "고갈되지 않는 한, 한평생 살아갈 자원"이 충분하게 마련될 것이다. 그렇게 그리스도 안에서 "새 사람"으로 거듭나 오직

'심령으로 새롭게'(엡 4:22-24) 내일을 위해 감사할 줄 아는 자로 거듭날 수 있다(<새사람>)는 시인의 생생한 경험이 4부 ('오늘')를 통해 제시된다.

동윤 유정욱 시인이 앞서 여러 시집을 통해 모색해 온 인간과 삶에 대한 심상이 이번 시집을 통하여 농후해진 듯하다. 마지막으로 시인이 건넨 한 잔의 커피 향을 <행복이란>을 통해 정의하자.

풍요

아니, 다행.

아니, 위안..

아니, 만족...

아니

그저 감사.

| 시인의 말 |

삶의 매 순간은 이벤트의 연속이다. 이로 인해 늘 피할 수 없는 선택의 기로에 매여 있는 것이 우리의 인생이다.

어떤 선택을 하는가에 따라서 그 인생의 향로가 정해지기 마련이지만 어떤 결정을 내리든 늘 아쉬움은 남는다. 이 아쉬움을 달래기 위해 또는 시간이 지나면 잊힐까 두려워 그때그때의 이벤트를 붙잡고 씨름하다 보니 한 편 한 편의 시가 모였다.

그렇기에 이 시집은 보잘것없는 한 남자의 삶의 넋두리가 모인 노래(生涯歌)이다. 하지만 펜을 잡는 순간만큼은 성찰과 위안 그리고 평안의 시간을 즐길 수 있었기에 글쓰기를 통해 여유로움을 가질 수 있었다.

시인 엘리엇은 "위대한 시인은 자기 자신에 대해 쓰면서 동시에 자기 시대를 그린다"라고 말하였다고 한다. 여기에 비추어 보면 필자가 앞으로 갈 길은 멀다. 하지만 이 졸작을 읽어 주는 누구 한 사람만이라도 공감을 형성하여 준다면 앞으로 나아가는 길에 큰 격려가 되어 더욱 매진할 수 있겠다.

2024. 8.

유정욱

| 차 례 |

서평

시인의 말

제1부 당신은 나의 거울

착각 · 17

겨울 숲(3) · 18

참 리더가 필요해 · 20

인간은 완벽하지 않다 · 21

부조리 · 22

당신은 나의 거울(1) · 24

당신은 나의 거울(2) · 25

당신은 나의 거울(3) · 26

빙판길 · 27

마지막 고언 · 28

네 탓 남 탓 · 30

리더의 길 · 32

후회 · 34

흔적 · 36

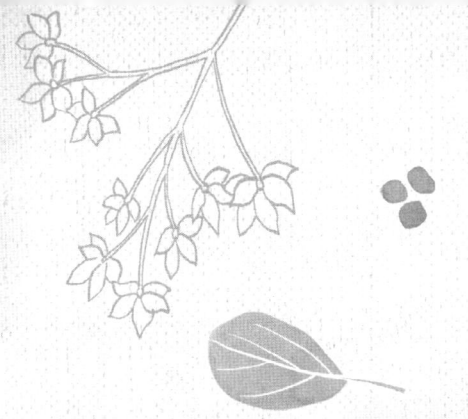

제2부 난제

압각수의 생 · 39
앎 · 40
포맷 · 41
관계형성 · 42
묵상 · 43
임기응변 · 44
다름이란 · 46
옛사람 · 48
난제 · 49
스캔(1) · 50
스캔(2) · 51
갈무리 · 52
딸기사랑 · 54
尊重이란 · 56

제3부 삶이란

삶이란(1) · 59

꽃샘추위 · 60

늦점심 · 62

이슬 · 64

외로움 · 65

살붙이 · 66

幸福이란 · 67

人格이란 · 68

삶이란(2) · 69

춤추는 가을 · 70

아, 가을! · 71

다름의 존중 · 72

한 잔의 커피 · 74

추억 · 76

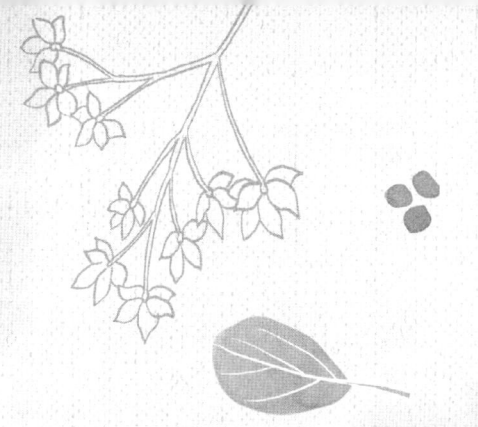

제4부 오늘

매일 · 79
오늘(1) · 80
내일 · 81
삶의 근원은 · 82
그림자 · 84
새사람 · 86
믿음 · 87
세족지도 · 88
아는 자 · 89
오늘(2) · 90
성탄, 위대한 가르침에 순종 · 92
뒤안길 · 94
지혜자 · 95
꽃이라 부름 · 96

별(☆)부

사·언·행 삼위일체 · 101
마음의 빚 · 102
세월 · 104
참나무 · 106
고난 · 107
고난의 선물(Ⅰ) · 108
고난의 선물(Ⅱ) · 110
비루함 · 112
바늘꽃 · 113
자아 여행 · 114
가을 아침의 기도 · 116
멍에 · 118
천 개의 소망이 되어 · 120
그 날 · 121

제1부 당신은 나의 거울

착각

난,
나를 사랑한다.

그런데,
나보다 더 나를 사랑하는 이들이 있다.

그러한,
그들이 있기에 오늘 내가 있는 것이다.

난,
그들의 함성을 먹고 자라고 있다.

이런,
나이기에 난 더욱 나를 사랑한다.

"이 세상이나 세상에 있는 것들을 사랑하지 말라 누구든지 세상을 사랑하면 아버지의 사랑이 그 안에 있지 아니하니 이는 세상에 있는 모든 것이 육신의 정욕과 안목의 정욕과 이생의 자랑이니 다 아버지께로부터 온 것이 아니요 세상으로부터 온 것이라"(요일 2:15-16).

겨울 숲 (3)

무성함 사라진
앙상한 숲

그 공허함 온몸에 서린
잎새의 깃털 거적

혹한 속 나목
하늘 우러러 일편단심

소망 향한
잡새의 가무 행렬

스치는 햇살에
실바람 불어

잔 잎새
생명의 날개 펄럭인다.

"평강의 하나님이 친히 너희를 온전히 거룩하게 하시고 또 너희의 온 영과 혼과 몸이 우리 주 예수 그리스도께서 강림하실 때에 흠 없게 보전되기를 원하노라"(살전 5:23).

참 리더가 필요해

작금의 선지동산
신실한
영적리더가 절실하다

자신과 무관하다
사언행 불일치
거짓 리더가 아니라

설령 부족할지라도
'죄송스럽다.'
책임지려는 자세

특히 깊은 통찰과
세심한 배려가 깃든
참된 리더가 그립다

"너희를 내 백성으로 삼고 나는 너희의 하나님이 되리니 나는 애굽 사람의 무거운 짐 밑에서 너희를 빼낸 너희의 하나님 여호와인 줄 너희가 알지라"(출 6:7).

인간은 완벽하지 않다

옥에도 티가 있듯 누구나 흠결이 있다.
그것이 이치이다.
그렇기에 있는 그대로 자신을 인정하고
받아들여 개선의 노력을 기울이면 될 일이다.

그러나 알량한 자존심,
혹은 명예욕에 갇혀 또는 아둔하여
자신의 잘못 거짓 변명하기에
급급한 치졸한 부류도 있다.

이는 세 치 혀
숭배하는 교만함의 산물이다.
역사가 증명하듯
거짓으로 가려질 일은 없다.

결국, 자신의 위선적 삶이
나락의 지름길이 되고 마는 것이다.
팩트를 직시한 진솔함 만이 답이다.

"예수께서 이르시되 내가 진실로 진실로 너희에게 이르노니 인자의 살을 먹지 아니하고 인자의 피를 마시지 아니하면 너희 속에 생명이 없느니라"(요 6:53).

부조리

평소 명석 명쾌한 당신
'나와 무관한 일이라.'
주저리주저리

그 거북한 시각
우리 서로
너무나 잘 알지요

당신의 생각이
나의 마음이듯

내 생각이
당신 마음이죠

일심동체인
당신은
진정코 행복한가요

평상의 당신이 그리운
난, 온몸이
신열로 불덩이랍니다

"그런즉 청하건대 여호와 앞에서 먼 이곳에서 이제 나의 피가 땅에 흐르지 말게 하옵소서 이는 산에서 메추라기를 사냥하는 자와 같이 이스라엘 왕이 한 벼룩을 수색하러 나오셨음이니이다"(삼상 26:20).

당신은 나의 거울 (1)

오늘 마주하고 있는
당신의 얼굴은 나의 거울입니다.

비록, 오늘은 아닐지라도
당신의 그 모습은
내일모레 나의 모습이겠지요.

물론 나의 모습은
당신의 모습이 아닐는지요.

그렇기에 이 시각
우린 서로
거울 앞에 서 있는 것 아닐까요.

"너희는 말씀을 행하는 자가 되고 듣기만 하여 자신을 속이는 자가 되지 말라 누구든지 말씀을 듣고 행하지 아니하면 그는 거울로 자기의 생긴 얼굴을 보는 사람과 같아서"(약 1:22-23).

당신은 나의 거울 (2)

당신을 마주한
난,
행복합니다.

당신과 함께하는 이 순간
난,
내일이 참으로 기대되는
설렘에 빠져들고 있어요.

왜냐하면,
당신의 그 행복한 미소가
내일 나의 미소가 아닐는지요.

"제 자신을 보고 가서 그 모습이 어떠했는지를 곧 잊어버리거니와 자유롭게 하는 온전한 율법을 들여다보고 있는 자는 듣고 잊어버리는 자가 아니요 실천하는 자니 이 사람은 그 행하는 일에 복을 받으리라"(약 1:24-25).

당신은 나의 거울 (3)

당신을 마주한
난,
참으로 우울합니다.

당신과 함께하는 이 순간
난,
내일이 진정코 염려되는
실의에 빠져들고 있어요.

왜냐하면,
당신의 그 우울한 눈빛이
내일 나의 잿빛 거울일까.

"누구든지 스스로 경건하다 생각하며 자기 혀를 재갈 물리지 아니하고 자기 마음을 속이면 이 사람의 경건은 헛것이라 하나님 아버지 앞에서 정결하고 더러움이 없는 경건은 곧 고아와 과부를 그 환난 중에 돌보고 또 자기를 지켜 세속에 물들지 아니하는 그것이니라"(약 1:26-27).

빙판길

넌,
반들반들

납작 엎드려
기술도 없이

성난 코뿔소
패대기친다.

"교만은 패망의 선봉이요 거만한 마음은 넘어짐의 앞잡이니라" (잠 16:18).

마지막 고언

사랑하는 이여!

이제는 종잡을 수 없는
인생의 나침판을 향하여
파우스트의 마지막 외침이
있어야 합니다.

"멈추어라."

메피스토와의 내기 끝에
천상으로 향하던
파우스트의 본질로
돌아가야 합니다.

당신이 진정 그리던
오늘 이 시각은
내일이 아닌 어제입니다.

무수한 내일과 모레가 깃든
결코,
돌이킬 수 없는 과거입니다.

"세월을 아끼라 때가 악하니라 그러므로 어리석은 자가 되지 말고 오직 주의 뜻이 무엇인가 이해하라"(엡 5:16-17).

네 탓 남 탓

난 당신의 작은 흠결 참 감사해요

그 작은 흠이 내겐 큰 위안이고요
내 무능 숨기엔 딱 안성맞춤이죠

그래서 당신의 작은 티끌 하나
왜 그리 반가운지 모르겠어요

날 위기에서 구해준 당신의
흠결 왜 그리 아름다운지요

당신께 감사한 맘 넘쳐나지만
그 고마움 드러낼 수 없지요

당신은 내가 근접할 수 없는
큰 사람이란 걸 잘 알잖아요.

그런 당신이 날 이해해 주세요
당신에 대한 미안함

훗날 누군가 나의 무능 탓하며
자신 옹호하는 그 날이 되겠죠

"너희가 비판하는 그 비판으로 너희가 비판을 받을 것이요 너희가 헤아리는 그 헤아림으로 너희가 헤아림을 받을 것이니라"(마 7:2)

리더의 길

고대로부터 수많은 도덕가, 사색가 그리고 저술가 등은 하나의 진정한 친구는 세계의 부나 명예보다도 더 무한히 값진 것이라고 말해 왔다. 그러기에 인간이 살아가는 데 있어 중요한 사건이란 하나의 진정한 친구를 만나는 것이다.[1]

우정이란 인간과 인간과의 관계를 맺게 하고 그 관계를 증진시키는 것이기에 친구에게 자신의 관용을 내어줌과 동시에 겸손함이 있어야 한다(謙讓之德).

하지만 남달리 소유에 대한 욕망이 강한 자, 자아도취에 빠진 자, 명예심에 사로잡힌 자는 타인에게 인색하고 질투심에 사로잡혀 스스로 명예를 실추시키는 불명예의 길을 걷게 된다.

이런 자가 조직의 리더가 되면 그 조직은 혼란의 도가니에 갇혀 구성원을 황폐하게 만든다. 참으로 경계할 일이다.

또한 먼저 나 자신은 어떤가를 스스로 살펴볼 일이다.

---

[1] I. 레프, "삶을 그리는 우정" 중에서

"지혜로운 자와 동행하면 지혜를 얻고 미련한 자와 사귀면 해를 받느니라"
(잠 13:20).

후회 後悔

잘한 일 잘한 대로
못한 일 못한 대로
다 아쉬움 남기 마련

뒤 돌아보아
후회 없는 삶
어디 있으랴

그 아쉬움에
내일을 향해
나아 가는걸

아쉬움 없는 삶
정작 돌이킬 수
없는 후회일걸

깨우침 주셔서
새 사람 입으라
무한 은혜 감사

"오직 너희의 심령이 새롭게 되어 하나님을 따라 의와 진리의 거룩함으로 지으심을 받은 새 사람을 입으라"(엡 4:23-24).

흔적 痕跡

누군가 지나간
길에 멈춰서
그 아닌 나를 본다

부끄러운 그날
먼 훗날 아닌
지금 이날이겠지

"주의 말씀대로 나를 붙들어 살게 하시고 내 소망이 부끄럽지 않게 하소서"
(시 119:116).

제2부 난제

압각수의 생[2]

쥐라기 일생
바라보며

살기 위한 인고의
처절한 수억 년

온갖 죄악
물들었어도

새 생명의 씨앗
정결함 위해

모든 악취 쏟는다.

---

2) 압각수(鴨脚樹)는 은행나무의 다른 이름이다. 은행나무는 지질학상 고생대 페름기부터 자랐고, 당시 현존하던 생물종의 96%를 대멸종 시켜버린 페름기 대멸종을 버티고 꿋꿋하게 현대까지 살아남은 지구상 가장 오래된 나무 중 하나이다.

앎

듣고 들어
쌓인 얄팍함

소다수 되어
주체 못 해

주절주절

"교만이 오면 욕도 오거니와 겸손한 자에게는 지혜가 있느니라"(잠 11:2).

포맷

7년 세월 속 각인된 그 모든 것
다 지우고 떠나가라 命 하시네.

황량한 겨울 숲은 여전하건만
새 단장 위해 덧입힌 해 그린

어떤 소망 그려질까 셀렘처럼
다가올 새봄은 분명 다르겠지

내 삶의 5막 6장은 어찌 펼쳐질까.

난,
알 수 없지만

命 하신 그분 인도하심 따라
미지의 세계를 향한 발걸음

"내가 너와 함께 있어 네가 어디로 가든지 너를 지키며 너를 이끌어 이 땅으로 돌아오게 할지라 내가 네게 허락한 것을 다 이루기까지 너를 떠나지 아니하리라"(창 28:15).

관계 형성

관계 훼손은 오직 신뢰 상실에 있다.

이는 의심이 자리하고 있기 때문이며,
의심은 타인에 대한 상대의 멸시이다.

자칫 경멸감의 대상이 되어선 안된다.

"여호와께서 모세에게 이르시되 이 백성이 어느 때까지 나를 멸시하겠느냐 내가 그들 중에 많은 이적을 행하였으나 어느 때까지 나를 믿지 않겠느냐 내가 전염병으로 그들을 쳐서 멸하고 네게 그들보다 크고 강한 나라를 이루게 하리라"(민 14:11-12)

묵상 默想

말씀 따라
살고픈 그 일상

지금 보시기
원 하시네

"선한 일을 행한 자들은 생명의 부활로, 악한 일을 행한 자들은 심판의 부활로 나오리라"(요 5:29).

임기응변

우리의 삶은 안정적인 것처럼 보이지만 실상은 불확실의 연속이다.

이는 뜻하지 않은 일의 발생, 또는 자신의 계획과 전혀 다른 상황으로 전개되어 곤경에 빠지는 경우 등으로 나타나게 된다. 이때 필요한 것이 임기응변이다. 임기응변이란 '그때그때 처한 형편에 따라 알맞게 일을 처리한다'는 뜻이다.

특별히 임기응변에 능한 사람들이 있는데 이는 위기관리 능력이 있다는 의미이다. 이 능력은 자신의 삶 전반에서 이해관계에 얽매이지 않고 객관적 시각으로 관심이라는 자산을 성실히 쌓아 온 경우 더욱 빛나게 된다. 하지만 필부는 오히려 위기를 기회 삼아 자신의 이익을 도모하기도 한다.

현대사회에서 긍정의 임기응변이 왜곡되어 어떤 상황을 순간적으로 거짓말 또는 기망 행위를 통해 교묘하게 빠져나가는 사람을 비아냥조로 일컫는 부정적 단어가 되어 버렸다. 이런 미꾸라지적 사고방식으로는 더 큰 화를 낳기 마련이다.

이는 꿩이 매에게 쫓기다 급한 나머지 엉덩이를 쳐든 채 머리만 덤불에 묻는 것과 무엇이 다르다 할 수 있겠는가?

"그러므로 생명을 사랑하고 좋은 날 보기를 원하는 자는 혀를 금하여 악한 말을 그치며 그 입술로 거짓을 말하지 말고 악에서 떠나 선을 행하고 화평을 구하며 그것을 따르라"(벧전 3:10-11).

다름이란

현대인의 특징 중 하나는 다름이다.
이는 산업사회의 상징화된 획일적 제복이 아닌 각기 다른 개성으로 표출되고 있다. 이러한 변화는 외형에 한정되지 않고 내면 깊은 곳까지 파고들어 다채로운 색과 향으로 세상을 물들여가고 있다.

다채로움이 형형색색 조화를 이룬다면 얼마나 아름다울까만 여기에 제각각의 맛이 더해져 세상을 혼미하게 한다. 조화를 이루지 못한 세상은 갈등이자 분열이다. 가정에서 사회, 국가에 이르기까지 파열음이 끊이지 않는다.

이는 개성 중시 사회에서의 불가피한 부작용이기에 탓할 수는 없다. 다만 물질의 풍요에도 불구하고 오히려 각박해져 가는 세상을 보고 있노라면 물질 만능주의 차원을 넘어 다름이라는 희소 자원 쟁취를 위한 혈전의 장에 맞닿게 된다.

그럼에도 다름은 수용되어져야 하지만 오히려 획일화라는 미명하에 배척이 더욱 일상화되고 있다. 이는 다름이 아닌 군국화를 추구하는 과거로의 회귀이다. 어둠이 없다면 빛이 있을 수 없듯이 나와 다름이 있기에 더욱 분발하는 계기가 되어 자신이 빛나는 것이다.

다름이란 다툼의 대상이 아닌 나의 동반자이다.
다름과의 동반 길은 수용만이 답이다.

"너희가 만일 너희를 사랑하는 자만을 사랑하면 칭찬받을 것이 무엇이냐 죄인들도 사랑하는 자는 사랑하느니라" (눅 6:32).

옛사람

먹음직스럽고
보암직하여

떨쳐낼 수 없는
탐심의 유혹들

실눈 번뜩이는
나와 너, 너와 난

아담의 후예들

"그러므로 모든 악독과 모든 기만과 외식과 시기와 모든 비방하는 말을 버리고 갓 난 아기들 같이 순전하고 신령한 젖을 사모하라 이는 그로 말미암아 너희로 구원에 이르도록 자라게 하려 함이라" (벧전 2:1-2).

난제 難題

내일이 오늘이건만

이 시각

익숙함에 젖어 든다.

"너희가 거듭난 것은 썩어질 씨로 된 것이 아니요 썩지 아니할 씨로 된 것이니 살아 있고 항상 있는 하나님의 말씀으로 되었느니라 그러므로 모든 육체는 풀과 같고 그 모든 영광은 풀의 꽃과 같으니 풀은 마르고 꽃은 떨어지되 오직 주의 말씀은 세세토록 있도다 하였으니 너희에게 전한 복음이 곧 이 말씀이니라."(벧전 1:23-25).

스캔 (1)

끼익끼익 끼이익

잠겨버린 시각들
잃어버린 시각들

기억조차 싫건만
속절없이 일깨워
비트창에 가둔다.

※ 정신의학과 근무 중 진료 기록 발급 업무를 보며.

스캔 (2)

끼익끼익 끼이익

아픔도 서러워
삼키고 살건만

무슨 다툼 있기에
잠든 영혼 일깨워
벌거숭이 노릴까.

"모든 눈물을 그 눈에서 닦아 주시니 다시는 사망이 없고 애통하는 것이나 곡하는 것이나 아픈 것이 다시 있지 아니하리니 처음 것들이 다 지나갔음이러라"(계 21:4)

갈무리

소망의 씨앗
흩뿌려져

온갖 풍파 이겨내
화려함 피었건만

어찌할 수 없는
'花無十日紅'

평범한 이치에
무너진 그 허무

잠깐의 인연에
피어난 자욱한 안개

떨쳐낼 여념도 없이
인고의 시간을 보낸다

"내가 주께 대하여 귀로 듣기만 하였사오나 이제는 눈으로 주를 뵈옵나이다 그러므로 내가 스스로 거두어들이고 티끌과 재 가운데에서 회개하나이다"(욥 42:5-6).

딸기 사랑

보암직하고
탐스러운
선홍 빛깔 딸기[3]

입 안에 쏘옥
새콤달콤 유혹
뿌리칠 수 없건만

'딸 때까지 딸 수 있다'
붙여진 이름 앞에 멈칫

온 힘 다해 꽃피워
깨알 정성 담아 내
줄 수 있을 때까지

우리도 딸기 사랑
닮아 살면 좋으련만.

---

[3] 딸기는 마디마다 순차적으로 꽃이 펴 열매를 맺는다. 보통 5~6마디까지 피는 꽃의 열매를 따 5~6회 수확을 한다. 하지만 줄기식물인 딸기는 계속 자라며 마디마다 열매를 맺는다.

"사랑은 여기 있으니 우리가 하나님을 사랑한 것이 아니요 하나님이 우리를 사랑하사 우리 죄를 속하기 위하여 화목제물로 그 아들을 보내셨음이라 사랑하는 자들아 하나님이 이같이 우리를 사랑하셨은즉 우리도 서로 사랑하는 것이 마땅하도다"(요일 4:10-11) .

尊重이란

소중함

"내 아들아 네 아비의 훈계를 들으며 네 어미의 법을 떠나지 말라 이는 네 머리의 아름다운 관이요 네 목의 금 사슬이니라"(잠 1:8-9).

제3부 삶이란

삶이란 (1)

생각하기 나름이다.

긴 오늘 하루가 무의미하다면
그 인생에 오늘은 신기루이다.

하지만,
힘들고 고통스러운 시각일지라도

비록(祕錄) 맞이할 수만 있다면
그 순간의 삶은 희망의 불씨이다.

"모든 성경은 하나님의 감동으로 된 것으로 교훈과 책망과 바르게 함과 의로 교육하기에 유익하니 이는 하나님의 사람으로 온전하게 하며 모든 선한 일을 행할 능력을 갖추게 하려 함이라"(딤후 3:16-17).

꽃샘추위

봄 시샘의 화신인 나

당신의 오해로 빚은
오명 부끄럽지 않아요

눈앞 펼쳐진
만발함 못내 아쉬운 님이여

혹, 엄동설한 당신 향한
인내의 그 고통 알고 있나요

꽃망울 터트릴 때 쏟아지는
나의 인고의 아픔이랍니다

긴 긴 겨울 님 향한
나의 맘 쉬 떨칠 수 없어

당신 곁 더 더디게
머물고 싶은
나의 마음이기도 하죠

"다만 이뿐 아니라 우리가 환난 중에도 즐거워하나니 이는 환난은 인내를, 인내는 연단을, 연단은 소망을 이루는 줄 앎이로다"(롬 5:3).

늦점심

흘려버린 点心
주방 서성이니
'밥 먹을라오'

무심결
'네'
게 눈 감추듯 꿀꺽

빈 공기 무심코
바라보매
이슬이 맺힌다

무시로 건넸건만
배고픔이었을까
아쉬움이었을까

多情에 点 하나
짓누를수록
솟구치는 샘물

백미의 담백함
생선의 비릿함
속절없이 맴돈다

"여호와께서 낮에는 구름을 펴사 덮개를 삼으시고 밤에는 불로 밝히셨으며 그들이 구한즉 메추라기를 가져 오시고 또 하늘의 양식으로 그들을 만족하게 하셨도다"(시 105:39-40).

이슬

화려한 불꽃 후
눈가에 맺힌
넌,
진정한 나의 친구.

너의 결실 방울
찌든 때 밀쳐내어
맑은 영혼 깨워
새 소망 심는다.

"내가 이스라엘에게 이슬과 같으리니 그가 백합화 같이 피겠고 레바논 백향목 같이 뿌리가 박힐 것이라"(호 14:5).

외로움

인간의 삶에서 견뎌내기 어려운 것은 외로움이다.

덩그러니 홀로 남으면 외로움이 스며든다.
비단 홀로라서 외로워지는 것만은 아니다.
흩날리는 꽃잎이나 버려진 종이컵에 시선이 머무를 때
혹은 무심코 바라본 석양 빛살이 외로움이 되기도 한다.

외로움에 사무치면 흩어진 무수한 시간이 스쳐 간다.
즐거움은 순간, 아름다운 시간은 조금 더딜지라도 굼벵이처럼
제 자리에서만 기우뚱거리는 것이 있다.
고된 시간과 미안한 일들, 잊지 못할 혈육이 그렇다.

특히나 오랜 타향살이의 외로움이라면
견뎌내기 어려운 그리움이 살붙이의 정이다.

"나는 광야의 올빼미 같고 황폐한 곳의 부엉이 같이 되었사오며 내가 밤을 새우니 지붕 위의 외로운 참새 같으니이다"(시 102:6-7).

살붙이

한 뱃속 육 남매
서로 외면한 채
제각각 독수공방

대롱대롱 외로움
핏빛 그리움에
절구 속 짓이김 삼킨다.

쿵 덕 쿵 덕
쿵덕쿵덕 쿵
쿵 닥 닥 쿵[4]

"새 계명을 너희에게 주노니 서로 사랑하라 내가 너희를 사랑한 것 같이 너희도 서로 사랑하라"(요 13:34).

---

4) 전주 콩나물 박물관에서 마늘 찧는 소리를 들으며

幸福이란

풍요

아니, 다행.

아니, 위안..

아니, 만족...

아니

그저 감사.

"어떤 사람은 아들도 없고 형제도 없이 홀로 있으나 그의 모든 수고에는 끝이 없도다 또 비록 그의 눈은 부요를 족하게 여기지 아니하면서 이르기를 내가 누구를 위하여는 이같이 수고하고 나를 위하여는 행복을 누리지 못하게 하는가 하여도 이것도 헛되어 불행한 노고로다"(전 4:8).

人格이란

미사여구(美辞麗句)

아니

언행일치(言行一致)

"자녀들아 우리가 말과 혀로만 사랑하지 말고 행함과 진실함으로 하자"(요일 3:18).

삶이란 (2)

의미 주기이다.

그렇기에
이 시각이 무의미하다면
그 삶은 의미가 없는 것이다.

하지만,
이 시각에 의의를 부여하면
그 삶은 매우 특별한 것이다.

"내가 내 공의를 굳게 잡고 놓지 아니하리니 내 마음이 나의 생애를 비웃지 아니하리라"(욥 27:6).

춤추는 가을

나른한 초가을 오후
밀려오는 식곤증

둔탁한 메아리
산들거리는 나뭇잎

뭉게구름의 남쪽 나라 여행

아, 가을!

결실의 계절 가을.

일장춘몽 내려놓고
제각기 다른 모습으로
떠나갈 채비에 여념 없다

힘들게 달려온 그 길.

빈자리 메울 후대
새 생명 내일을 위해
인고의 시간을 보낸다

"여호와께서 그에게 이르시되 이는 내가 아브라함과 이삭과 야곱에게 맹세하여 그의 후손에게 주리라 한 땅이라 내가 네 눈으로 보게 하였거니와 너는 그리로 건너가지 못하리라"(신 34:4).

다름의 존중

차별화는 경쟁과 성취의 대상이기에 매사 결핍과 과욕 심리가 존재하는 한 다름을 인정하기란 쉽지 않다.

반면에 풍요롭다하여 자애심(慈愛心)의 발로가 되는 것은 아니다.
오히려 자애심(自愛心)이 지나쳐 더욱 인색한 경우가 허다하다. 이쯤 되면 해결책이 없어 보이지만 우리 사회는 여전히 서로 어우러져 균형을 잡아가고 있다.

이는 은연중에 자신이 타인으로부터 인정받고 싶은 보상심리가 작동하고 있기에 먼저 타인을 인정하고 받아들이기 때문이다. 이것이 수용이자 존중이다.

존중을 뜻하는 그리스어 티미(time)는 '중요시함'의 의미를 내포하고 있지만, 반대말 경멸은 아티미아(atimia)로 '흔하거나 평범하거나 천하게 취급하다'는 뜻을 담고 있다.[5]

---

5) 존 비비어, 존중, (26쪽)

존중은 상대적 개념이기에 타인을 존중한 자 또한 그만큼의 존중을 받기 마련이다. 그것이 순리이다. 이 단순한 이치가 공동체의 삶을 풍성하게 이끄는 토대이기에 서로 사랑하고 존중하자.

서로 간에 있는 그대로를 비판 없이 인정하고 품어내자. 그러나 무엇보다도 중요한 것은 존중은 행동과 말보다는 마음에서부터 비롯되어져야 한다는 사실이다.

心言行 三位一体.

"나를 존중히 여기는 자를 내가 존중히 여기고 나를 멸시하는 자를 내가 경멸하리라"(삼상 2:30).

한 잔의 커피

모락모락 피어나는
향긋한 커피 내음 새로
나와 당신, 마주 앉아
이야기 꽃 피웁니다.

그 꽃은
당신과 나의 인생이지요.

우린 단지 커피 한 잔
나누는 것이 아니라
당신과 나, 두 生을
공유해 가는 것이지요.

시큼한 그 맛,
당신의 애환이고
쌉쌀한 그 맛,
나의 애환이겠지요.

텁텁한 그 맛,
지금 우리의 삶이고
달콤한 그 맛,
다가올 우리 행복 아닐는지요.

"한 사람이면 패하겠거니와 두 사람이면 맞설 수 있나니 세 겹 줄은 쉽게 끊어지지 아니하느니라"(전 4:12).

추억 追憶

아름다운 풍경
떠나가면 잊힐까

렌즈 가득 채워
담아 꺼내 보니

그윽한 정겨움

우리네 인생도
마음 가득 담아

살포시 꺼낼 때
사무친 그리움

솟구쳐 오르겠지.

"옛날을 기억하라 역대의 연대를 생각하라 네 아버지에게 물으라 그가 네게 설명할 것이요 네 어른들에게 물으라 그들이 네게 말하리로다"(신 32:7).

제4부 오늘

매일

'그날이 맨 그 날'

짓눌린 삶 버거워
투정 가득한 그날

반복할 수 있는 은혜

"내일 일을 너희가 알지 못하는도다 너희 생명이 무엇이냐 너희는 잠깐 보이다가 없어지는 안개니라" (약 4:14).

오늘 (1)

오! 늘~
하던 대로

새 날에 감사

"너는 마음을 다하고 뜻을 다하고 힘을 다하여 네 하나님 여호와를 사랑하라 오늘 내가 네게 명하는 이 말씀을 너는 마음에 새기고 네 자녀에게 부지런히 가르치며 집에 앉았을 때에든지 길을 갈 때에든지 누워 있을 때에든지 일어날 때에든지 이 말씀을 강론할 것이며"(신 6:5-7).

내일

내일
나의 일

나의 직분
나의 소명

특별히 허락한 그 날
소명 향해 나아가는 날

"너는 내일 일을 자랑하지 말라 하루 동안에 무슨 일이 일어날는지 네가 알 수 없음이니라 타인이 너를 칭찬하게 하고 네 입으로는 하지 말며 외인이 너를 칭찬하게 하고 네 입술로는 하지 말지니라"(잠 27:1-2).

삶의 근원은

인간의 삶은
생로병사 희로애락이 점철된 질곡의 역사이다.

몸서리쳐지는 질곡에서도
하루하루 살아지는 것은 은혜가 있기 때문이다.

매 순간 이어지는 수많은
나날 가운데 티끌만 한 감사도 느끼지 못하고,

찾아볼 수도 없다면
그 삶을 어찌 살아있다 할 수 있겠는가?

그렇다면 감사란 무엇인가?

감사는 만족의 산물이며, 이는 다행의 산물이다.
다행은 추억의 산물이며, 이는 내일의 산물이다.
내일은 소망의 산물이며, 이는 감사의 산물이다.

모진 삶일지라도 감사가 고갈되지 않는 한,
한평생 살아갈 자원으로 이미 충분하지 않겠는가?

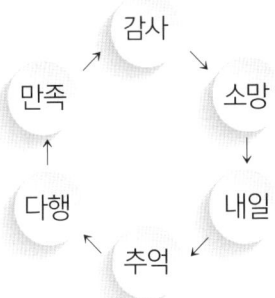

"육신을 따르는 자는 육신의 일을, 영을 따르는 자는 영의 일을 생각하나니 육신의 생각은 사망이요 영의 생각은 생명과 평안이니라"(롬 8:5-6).

그림자

너만이라도

나와 다르길
간절하건만

영락없이 나구나.

"아이들아 내가 너희에게 쓴 것은 너희가 아버지를 알았음이요 아비들아 내가 너희에게 쓴 것은 너희가 태초부터 계신이를 알았음이요 청년들아 내가 너희에게 쓴 것은 너희가 강하고 하나님의 말씀이 너희 안에 거하시며 너희가 흉악한 자를 이기었음이라"(요일 2:14).

새 사람

부끄러운 삶
묻지도 않고
따지지도 않고

이전 것은 다 지나갔으니
보라 새것이 되었도다

대속 은혜로 선포하신 이

다 내게로 오라
내가 너희를 쉬게 하리라
나의 멍에를 메고 내게 배우라

그리하면 너희 마음이 쉼을 얻으리니
그런즉 누구든지
그리스도 안에 있으면 새로운 피조물이라

"너희는 유혹의 욕심을 따라 썩어져 가는 구습을 따르는 옛 사람을 벗어버리고 오직 너희의 심령으로 새롭게 되어 하나님을 따라 의와 진리의 거룩함으로 지으심을 받은 새 사람을 입으라" (엡 4:22-24).

믿음

"行 함이라."

가르치시네

"내 형제들아 만일 사람이 믿음이 있노라 하고 행함이 없으면 무슨 유익이 있으리요 그 믿음이 능히 자기를 구원하겠느냐"(약 2:14).

세족지도 洗足之道

크나큰 사랑으로
험난한 길 가신 그 분

내 행함처럼
낮은 자리 잊지 말라

무릎 꿇고
발 씻겨 주신 그 손길

"내가 너희에게 행한 것 같이 너희도 행하게 하려 하여 본을 보였노라"(요 13: 15).

아는 자

알지 못해 行함 없음보다는
아는 자의 行함 없음이 낫다.

이는 그 스스로 버거운
숙제를 안고 살기 때문이다.

"여호와여 주의 이름을 아는 자는 주를 의지하오리니 이는 주를 찾는 자들을 버리지 아니하심이니이다" (시 9:10).

오늘 (2)

새날 새벽 열어 선물하신
이에게 감사와 찬양을 드립니다.

오늘은 어제의 잔상 아닌
내일 임을 깨닫게 하소서

잊을 것 잊고 기억할 것
기억하여 이어가는 좋은 날

그릇된 반복 아닌 회복
향한 작은 날 되게 하소서

에바 속 감사 마음 꼭꼭 담아
순종의 신실한 믿음되게 하소서

새벽 새들의 찬송처럼
진실한 사랑 싹 돋아
더 큰 날 향한 오늘 되게 하소서

"너희가 행할 일은 이러하니라 너희는 이웃과 더불어 진리를 말하며 너희 성문에서 진실하고 화평한 재판을 베풀고 마음에 서로 해하기를 도모하지 말며 거짓 맹세를 좋아하지 말라 이 모든 일은 내가 미워하는 것이니라 여호와의 말이니라"(슥 8:16-17).

성탄, 위대한 가르침에 순종

저 낮고 천한 차디찬 구유에 뉘이신 주님!
"너희는 세상의 소금이니 그 맛을 잃지마라!"
성탄 아침, 命하신 그 말씀 순종하길 원합니다.

부유한 심령 늘 갈망함에도
"심령이 가난한 자는 복이 있나니!"
그 말씀 따라 순종하길 원합니다.

오직 행복하기만을 열망함에도
"애통해하는 자는 복이 있나니!"
그 말씀 따라 순종하길 원합니다.

노여운 마음 늘 주체할 수 없음에도
"온유하는 자는 복이 있나니!"
그 말씀 따라 순종하길 원합니다.

세상 불의 속 헤어날 수 없음에도
"의에 주리고 목말라하는 자는 복이 있나니!"
그 말씀 따라 순종하길 원합니다.

잔인한 맘 늘 가득함에도
"긍휼히 여기는 자는 복이 있나니!"
그 말씀 따라 순종하길 원합니다.

마음의 불결함 늘 넘쳐남에도
"마음이 청결한 자 복이 있나니!"
그 말씀 따라 순종하길 원합니다.

명예 좇아 불의와 타협함에도
"의를 위하여 핍박받는 자 복이 있나니!"
그 말씀 따라 순종하길 원합니다.

온갖 원망과 슬픔의 발버둥 속에도
"기뻐하고 즐거워하라 하늘은 너희의 상이 큼이니!"
그 말씀 따라 순종하길 원합니다.

이 세상 부귀영화 유혹에 몸부림칠지라도
"너희는 세상의 빛이니 그 빛을 발하라!"
그 말씀 따라 순종하길 간절히 원하옵나이다. 아멘.

"너희 몸은 너희가 하나님께로부터 받은바 너희 가운데 계신 성령의 전인 줄을 알지 못하느냐 너희는 너희 자신의 것이 아니라 값으로 산 것이 되었으니 그런즉 너희 몸으로 하나님께 영광을 돌리라" (고전 6:19-20).

뒤안길

"나그네가 비로소 언덕 위에 도착하여
자기가 지금까지 걸어온 오솔길을
모두 바라보고 인식할 수 있듯이,

우리들도 생애의 어느 시기에 가서는
-더구나 전 생애의 마지막 시기에서는-
자기가 남긴 행동, 업적, 작품의
진정한 관계, 세부적인 일관성과
연관성, 게다가 그 가치까지도
인식하게 된다.[6]"

"바람은 남으로 불다가 북으로 돌아가며 이리 돌며 저리 돌아 바람은 그 불던 곳으로 돌아가고 모든 강물은 다 바다로 흐르되 바다를 채우지 못하며 강물은 어느 곳으로 흐르든지 그리로 연하여 흐르느니라"(전 1:6-7).

---

6) A. 쇼펜하우어의 "삶속의 빛을 찾자" 중에서

지혜자

현대사회에서의 지식과 정보는 필수적 요소이지만
이를 많이 가졌다 하여 반드시 잘 사는 것은 아니다.

이는 크리스천이 그 삶을 살지 못하는 것과 같지만
그 삶을 살기 위한 고뇌 찬 결단은 지혜로운 것이다.

크리스천의 삶을 사는 자가 참된 지혜자이다.

"일의 결국을 다 들었으니 하나님을 경외하고 그의 명령들을 지킬지어다 이것이 모든 사람의 본분이니라"(전 12:13).

꽃이라 부름

피어나는 모든 것이
다 꽃은 아니랍니다

아름다움이 있기에
꽃이라 불리는 것이죠

하지만 아름다움이
전부는 아니겠지요

그 꽃은 생명의 씨앗을
품고 있기 때문입니다

당신과 나도 꽃이라
불리어질 수 있기를 원합니다

우리 온 마음 다해
자신을 불태워 볼까요

사랑의 씨앗을 향한

"그러나 내가 너희에게 말하노니 솔로몬의 모든 영광으로도 입은 것이 이 꽃 하나만 같지 못하였느니라"(마 6:29).

별(☆)부

제1시집 「고난의 선물」과

제2시집 「천 개의 소망이 되어」에서 몇 편을 골라 실어봄.

사·언·행 삼위일체

토한 대로
힘든 길 나선 이
어색함 묻어나네

맘 없이 그저 나섰나 보다

말한 대로
힘든 길 가는 이
즐거움 밀려오네

흐르는 사유 따른가 보다

말 하나 몸짓 하나
중하다지만
뜻이 없으면 무용지물

思 言 行 三位一体

마음의 빚

살면서 빚지지 말자
수없이 맹세하건만
원하지 않는
수많은 빚

물질이야 물질로 갚으면 되련만
살며 살며 지게 된
마음의 빚들은
어찌할 수가 없네

生·老·病·死·喜·怒·哀·樂
바람 따라 자연히 들려옴에
미안함 이루 헤아릴 수 없고
원점 돌려 없던 일로 할 수도 없네

조금이나마
갚기 위해
요리저리 궁리해 보지만
뾰족한 대안 찾을 길도 없네

그간 살면서
서운한 마음 가지신 분들
넓은 아량으로
용서해 주오

그간의 빚 내려놓고
자유하며
밝은 모습 환한 빛으로
살갑게 살고 싶소

세월 歲月

시냇물이 흘러갑니다
시간이 흐르고 있어요
나도 모르게 지나갑니다
세월이 만들어지고 있네요

안따까움에 노력해도
잡을 수가 없어요
멈춰 세울 수도 없어요
되돌릴 수는 더더욱 없네요

소홀한 삶 죄스러워
잠시 잠깐만 멈추어 주기를
한순간만 되돌려 주기를
간절한데 매정하기만 하네요

망설임에 놓치고
헛된 꿈꾸다 놓치고
마음 열지 못해 놓치고
흘러간 시간만 탓하고 있네요

인생 허망함에
다음에는 꼭
놓치지 않으리라
다짐하건만

나도 모르게
또
후회하는 것이
세월인가 봅니다.

"그런즉 너희가 어떻게 행할지를 자세히 주의하여 지혜 없는 자 같이 하지 말고 오직 지혜 있는 자 같이 하여 세월을 아끼라 때가 악하니라 그러므로 어리석은 자가 되지 말고 오직 주의 뜻이 무엇인가 이해하라"(엡 5:15-17).

참나무

실오라기
하나 없이
엄동설한을 난다

봄부터 자란
꽃과 잎
열매와 낙엽 되어
아낌없이 나눠주고

혹한의
긴 겨울 인내로
또 봄을 기다린다

아낌없이 주는 나무
이름 없는 기부천사
참나무라 하네

주: '도토리'라고 불리는 견과를 생산하는 참나무는 꽃이 피는 4~5월에 비가 내리지 않아 흉년이 드는 해에는 많은 열매를 맺어 식량 대용이 되었다 함.

고난 苦難

슬며시 다가온
부당한 억울함
떨쳐내고 싶건만

本
보이신
그 분

고난 자취
떠 올라
잃은 길 찾는다

"부당하게 고난을 받아도 하나님을 생각함으로 슬픔을 참으면 이는 아름다우나 죄가 있어 매를 맞고 참으면 무슨 칭찬이 있으리요 그러나 선을 행함으로 고난을 받고 참으면 이는 하나님 앞에 아름다우니라"(벧전 2:19-20).

고난의 선물 I

무심코 뿌린 씨앗
육신을 파고 드는데
누굴 탓하랴
내 허영 고스란히 묻어

주님 뜻 외면하고
세상 주인 섬기며
미련한 종처럼 살아 온
참으로 가엾은 인생

여기저기
찾아드는 역경뿐일세
때론 부당한 억울함에
떨쳐내고도 싶건만

本 보이신
그 분
고난 자취 떠올라
잃은 길 찾아든다

"고난 당한 것이 내게 유익이라 이로 말미암아 내가 주의 율례들을 배우게 되었나이다 주의 입의 법이 내게는 천천 금은보다 좋으니이다" (시 119:71-72).

고난의 선물 Ⅱ

지나 온 길
힘든 길
굽이굽이 주님의 은혜

어느새
슬며시 다가선
욕심들의 유혹

부끄러운 생각
치밀어 올라
슬쩍 밀쳐내며

그분의 자녀로
살고 픈
간절한 마음에

순종하는
믿음 붙잡아
무릎 끓고 두 손 모은다

"고난 당하기 전에는 내가 그릇 행하였더니 이제는 주의 말씀을 지키나이다" (시 119:67).

비루함

무성한 나무
그늘 밑에
가녀린 무명 초

청자빛 볼 날 없어
늘상
힘겹기만 하다

가을바람 낙엽에
존재감마저 희미하건만

앙상한 가지 사이
겨울 햇살 잠길 때
힘껏
하늘을 들어 올린다

"나에게 이르시기를 내 은혜가 네게 족하도다 이는 내 능력이 약한 데서 온전하여 짐이라 하신지라 그러므로 도리어 크게 기뻐함으로 나의 여러 약한 것들에 대하여 자랑하리니 이는 그리스도의 능력이 내게 머물게 하려 함이라"(고후 12:9)

바늘꽃

난 바늘꽃입니다.

혹여 찔릴까
염려 앞서는
그 바늘입니다

설령
그 불안과
편견은 갖지 마세요

그 일편지견
나와 당신 모두
큰 불행이지요

우리 아름다운
꿈 꽃 피우기 위해
함께 수놓아 가요

자아 여행

마음을 열고
때론 닫고
떠나는
너와 나의 시간여행

오늘의 힘든 삶
너로부터 오는 것
난
잊은 채 살고

넌
스쳐버린 시간 속
수많은 기억
잊지 못해 붙잡고

그땐
우리 서로 철없던 시절
어찌할 줄 몰랐지만

이제라도 너와 나
내일의 행복 위해
떨어놓는 가슴 속 이야기

"육으로 난 것은 육이요 영으로 난 것은 영이니 내가 네게 거듭나야 하겠다 하는 말을 놀랍게 여기지 말라"(요 3:6-7).

가을 아침의 기도

천지를 말씀으로 세밀히 창조하신 하나님 아버지!

이 가을 아침. 들녘을 바라보며 사계절 다양한 방법을 통해 저희를 준비시키시고 이끌어 주신 사랑의 은혜에 감사합니다.

이 가을. 태고의 땅 위에 생명의 결실 맺기 위해 봄 여름 가을 힘겹게 품어낸 대지 이른 비 내려 주시며 위로하시는 은혜 감사합니다.

겨울 내 맺힌 응어리. 생명의 내일을 위해 아지랑이로 피어날 때 꿈으로 돋아나는 새싹 바라보며 소망 품게 하신 은혜 감사합니다.

산들바람 때때로 불러. 연약한 줄기 굳건케 해 생명의 꽃 피우시며 저 여린 어여쁜 생명 소망 열매 무럭무럭 키워가라 명하실 때 동행하신 은혜 감사합니다.

소망 열매 바라보며. 홀로 외롭지 않게 벌 나비가 되어 온 정성 다하건만 긴 가뭄 속 애타는 마음 앞세워도 어찌할 수 없는 無力 통해 겸손함 깨닫게 하신 은혜 감사합니다.

웃자란 무성함 털어내라. 이른 가을 몰아친 회오리바람 속 찢긴 상흔 가득해도 순응으로 견딘 가지에 오곡백과 익어가는 황금들녘 한가득 열어 주신 은혜 감사합니다.

결실의 계절 이 가을 아침. 오색찬란한 물결 통해 하나님 나라 아름다움 알게 하시고 저희들 마음 속 소망 품는 영혼의 열매 알알이 주렁주렁 열어 주신 은혜 감사합니다.

멍에

살며 살며 쌓여 온 것
지켜내기 힘들어
버리고 싶건만

하루아침에
쉬 떨쳐낼 수 없어
참아보자 다짐해도

짓눌린 삶에
허울뿐인 것
무에 그리 지켜내려 하나

동지 밤 지새워
자조해도
들려오는 건

그래도
지금까지 그렇듯이
조금만 더 참아내라 하시네

"이제 네게 지운 그의 멍에를 내가 깨뜨리고 네 결박을 끊으리라"(나 1:13).

천 개의 소망이 되어

그 긴 겨울 힘겹게 이겨내고
짧게 피었다 떠나는 나를
안타깝게 바라보지 말아요

아쉬워하지도 말아요
미안해하는 그 마음은
더욱더 갖지 말아요

하늬바람에 휘날려
나 자유여행 멀리 가지만

나 떠나면 마른 가지에
푸르른 꿈이 물들어와요

나 있던 빈 자리에
붉디붉은 고운 열매 맺히고

그 열매 청록에 수놓은
천 개의 소망이 되어
행복한 꿈으로 자랄 거예요

그 날

내 인생에
가을 가고
겨울이 오면

그 날의 무성함
떨쳐내지 못해
힘들지라도

따스한 햇살 비칠
또 다른
그 날을 읊조려야겠지

"주여 이제 내가 무엇을 바라리요 나의 소망은 주께 있나이다 나를 모든 죄에서 건 지시며 우매한 자에게서 욕을 당하지 아니하게 하소서"(시 39:7-8).

한 잔의 커피

1판 1쇄 인쇄 _ 2024년 8월 30일
1판 1쇄 발행 _ 2024년 8월 30일
지은이 _ 유정욱
펴낸이 _ 양수복
펴낸곳 _ 다니엘123
주소 _ 서울특별시 중구 퇴계로 183
E-mail _ hyunco431@naver.com
디자인 _ 현기획(02-2265-1898)

ⓒ 유정욱 2024 ISBN 978-89-97788-59-0

책값은 뒤표지에 있습니다.
이 출판물은 저작권법에 의해 보호를 받는 저작물이므로 무단 복제할 수 없습니다.
파본(本)은 구입처에서 교환해 드립니다.